COLLECTION

DE

Statuettes Bouddhiques

ANCIENNES

DE LA CHINE ET DU LAOS

EN BRONZE, EN PIERRE ET EN BOIS

ET D'UNE SÉRIE

DE PEINTURES ET D'ESTAMPES

JAPONAISES

ÉTUDES ET CROQUIS D'ARTISTES

LA VENTE AURA LIEU

Le Jeudi 14 Juin 1906, à 2 heures et demie

HOTEL DES COMMISSAIRES-PRISEURS, RUE DROUOT

Salle n° 8.

Mᵉ LOUIS NAVOIT
COMMISSAIRE-PRISEUR
rue du Faubourg-Montmartre, 55

M. ERNEST LEROUX
EXPERT
Rue Bonaparte, 28

EXPOSITION PUBLIQUE AVANT LA VENTE
de 1 heure à 2 heures et demie.

COLLECTION

DE

Statuettes Bouddhiques

ANCIENNES

DE LA CHINE ET DU LAOS

EN BRONZE, EN PIERRE ET EN BOIS

ET D'UNE SÉRIE

DE PEINTURES ET D'ESTAMPES

JAPONAISES

ÉTUDES ET CROQUIS D'ARTISTES

LA VENTE AURA LIEU

Le Jeudi 14 Juin 1906, à 2 heures et demie

HOTEL DES COMMISSAIRES-PRISEURS, RUE DROUOT

Salle n° 8.

Mᵉ LOUIS NAVOIT	M. ERNEST LEROUX
COMMISSAIRE-PRISEUR	EXPERT
rue du Faubourg-Montmartre, 55	Rue Bonaparte, 28

EXPOSITION PUBLIQUE AVANT LA VENTE
de 1 heure à 2 heures et demie.

CONDITIONS DE LA VENTE

La vente sera faite au comptant.

Les acquéreurs paieront dix pour cent en sus des enchères.

PEINTURES ET ESTAMPES
JAPONAISES

ÉTUDES ET CROQUIS D'ARTISTES

---

1. **Trente-cinq peintures de l'École de Tosa.** Épisodes des guerres de la féodalité au Japon. Beau spécimen des œuvres exécutées par les artistes de la Cour du Mikado, au XVIIIe siècle. En un album démonté, de format carré.

2. **Six portraits de poètes finement peints** par un artiste de l'école de Tosa. Chacune des six peintures fait face à un feuillet peint et saupoudré d'or sur lequel est inscrite une poésie. Album de grand format carré, couv. de soie.

3. **Les trente-six poétesses** célèbres du Japon. Bel album de 36 peintures de l'école de Tosa, sur soie, donnant, avec le portrait délicatement peint de chacune des poétesses, une de ses poésies. Format carré.

4. **École de Tosa.** Grand album oblong de 16 planches d'une curieuse facture. Les paysages peints forment le fond ; les personnages et accessoires sont rapportés, figures peintes sur papier, vêtements en étoffe, etc.

5. **Poésies** manuscrites sur de longues bandes saupoudrées d'or collées sur des fleurs en relief. 6 planches en 1 album oblong, couv. de soie.

6. **École de Kioto.** Recueil de peintures de l'école de Kioto. Paysages, montagnes, fleurs, oiseaux, etc. Bel album de grand format, couverture soie.

7 à 14. **Études et croquis** de toute sorte à l'encre de Chine, à l'aquarelle et à la gouache. Personnages, animaux, caricatures, oiseaux, insectes, poissons, chauve-souris, plantes, fleurs, paysages, nuages, effets de neige. Plus de 500 pièces en 16 albums qui seront vendus par deux.

> Collection très importante d'œuvres originales permettant d'étudier les procédés de facture et d'exécution des dessinateurs et peintres japonais d'autrefois.

15. **Album d'oiseaux** et de papillons voletant autour d'une bande centrale saupoudrée d'or, sur laquelle sont inscrites des poésies et que rehaussent des fleurs en relief, 16 belles planches en un album de grand format, couv. de soie.

16. **Perroquets et autres oiseaux** sur des branches d'arbres en fleurs, insectes dans le feuillage, etc. 8 belles peintures sur soie par divers artistes, avec signatures et cachets. En un album de grand format oblong, couv. de soie.

17. **Oiseaux, fleurs, insectes.** Charmant album de 27 peintures sur soie, couv. de soie.

18. **Oiseaux, fleurs, insectes.** Album oblong de 27 jolies peintures sur soie, couv. de soie.

19. **Études de reptiles,** insectes, papillons, grenouilles, etc. Peintures découpées et collées sur 16 feuilles saupoudrées de mica, en un album de grand format oblong.

20. **Douze peintures.** Délicats croquis de feuillages, de fleurs, de bambous, etc., sur papier. En un album de grand format carré, couv. de soie.

21. **Montagnes et paysages.** Dessins au trait, quelques-uns aquarellés. Un album de petit format oblong. — Études diverses à l'encre de Chine. Un album de format carré.

22. **Petits kakémonos** et montures de kakémonos, 22 pièces intéressantes collées en un album.

23. **Sosen.** Suite remarquable d'études de singes. 15 planches très fine-
     ment peintes sur soie. En un album de format carré, couv. de
     soie.

24. **Peintures sur étoffes,** avec parties en relief rapportées. Un album
     de grand format oblong.

25. **Les courtisanes célèbres.** Album de grandes planches peintes,
     avec les étoffes rapportées en relief.

26. **L'art des fleurs** au Japon. Arrangements de fleurs et de plantes
     dans des vases.
        Intéressante collection de 100 peintures à la gouache en 2 al-
     bums à couverture de soie, en une boîte.

27. **Très intéressant recueil de planches au trait,** épreuves
     du tirage en noir, avant le tirage des couleurs, de pièces d'un su-
     perbe dessin : Yama ouwa et Kintoki d'Outamaro, des planches de
     primitifs, toute une série d'estampes de l'atelier des Outagawa, etc.
     En 2 albums.

28. **Hiroshighé.** Les plus beaux paysages et sites du Japon. 2 albums et
     un album de vues panoramiques. — Ens. trois volumes de grand
     format.

29. — Le drame des Ronins. Un album grand format oblong.

30. — Poissons. Un album carré.

31. **Toyokouni.** Album de 180 planches, comprenant une suite rare de
     50 portraits d'acteurs, grandes têtes, et une série également rare
     de 100 planches à fond jaune, dans lesquelles l'acteur est repré-
     senté en buste dans trois rôles différents.

32 à 35. — **Quatre albums** contenant environ 500 planches. Scènes de
     théâtre, acteurs de drame et de comédie dans leurs principaux
     rôles.

36. **Toyokouni.** Album composé de pièces de choix : la mariée descen-
     dant du Kago princier, beau triptyque, deux manzaï dansant,
     curieux diptyque de Kounisada, des acteurs en costume de ville et
     de théâtre. — Combat de deux cavaliers dont un nègre brandis-
     sant une énorme massue, — et des scènes de comédie à double
     et triple planche.

37. **Toyokouni.** Acteurs. 200 planches en 3 albums.

38. — L'acteur Koshiro dans cent rôles différents d'hommes ou de femmes, tragiques ou comiques.

39 à 41. — Portraits d'acteurs en buste, suite de portraits d'acteurs sur des raquettes. Environ 300 planches excellentes, en 3 albums.

42 à 44. — Scènes de théâtre à doubles planches. Belle série de diptyques en 3 albums.

45. — Le Genzi monogatari. Suite d'illustrations pour ce célèbre roman d'amour. Dans ce curieux et rare album, l'artiste a imité le style de l'école de Tosa.

46 à 50. **Kounisada.** Scènes de théâtre, 500 planches dont beaucoup de compositions en deux ou trois planches, en 5 albums.

51. — Portraits d'acteurs en buste sur des fonds de paysage, 200 planches en tirage très soigné.

52. — Les lutteurs célèbres, 60 planches représentant des lutteurs fameux en costume de ville et en costume de lutte, le spectacle de la lutte dans l'arène, les juges du combat, etc. En tête de l'album plusieurs planches représentant des panoramas avec des défilés de troupes. A la fin, de curieuses scènes enfantines.

53. — Scènes de théâtre, 150 planches en 2 albums.

54. — La vie des femmes au Japon, courtisanes, guéshas, femmes du peuple. 200 planches en 2 albums dont un porte en cartouche le portrait de chacun des 36 poètes et une poésie.

55. — Portraits d'acteurs en buste et en pied. 5 albums qui pourront être vendus séparément.

56. — Les plus beaux paysages de la route du Tokaïdo, par Hiroshighé. Au premier plan, Kounisada a peint une Japonaise, bourgeoise ou grande dame, femme du peuple ou courtisane, etc. Album de 52 planches.

57 à 61. **Kouniyoshi.** Batailles et scènes de carnage, guerriers, les Ronins à l'assaut, etc. 350 planches en 5 albums de grand format.

62 à 65. — Scènes de drames, scènes fantastiques, apparitions, 200 planches en 4 albums.

66. **Kounlyoshl.** Le *Genzi monogatari,* le célèbre roman d'amour, illustré en une belle suite de triptyques.

67. — Illustrations pour les Trente-six poètes, album peu commun.

68. **École de Toyokounl.** Planches imprimées à Osaka, en tirage ancien ; scènes de théâtre. Environ 500 planches en 5 albums.

69. — Mêmes sujets. 500 planches en 5 albums.

70. — Acteurs et scènes de théâtre. Environ 500 planches en 5 albums.

71. — Quatre albums. Portraits d'acteurs en buste et scènes de théâtre.
Ces quatre numéros seront divisés à la vente.

72. **Scènes de la vie des acteurs.** Les gâteaux du jour de l'an, la lutte à la force du cou, scènes de drame et de comédie, portraits en buste, curieuse suite de portraits dans le fond de coupes à saké, scènes comiques, etc. 2 intéressants albums.

73. **Trente-sept portraits de courtisanes** dans leurs somptueux atours. En un album.

74. **Yelzan,** Toyokouni, Kounisada. Bel album de 50 planches, sujets maternels, 9 planches. — Plaisirs au Yoshiwara, 6 planches avec des personnages vus en ombres chinoises derrière les cloisons en papier, — un triptyque, fête de nuit sur la Soumida ; scènes de la vie des courtisanes, etc.

75. **Albums populaires,** 6 volumes.

76. **Grands Sourimonos de Kioto.** Excellentes pièces anciennes en 3 albums.
La plupart des noms des artistes sont indiqués en transcription.

77. **Petites pièces** du XVIIIe siècle en un album.

78. **Fleurs, oiseaux,** et paysages. 3 albums.

79. **Reproduction de peintures** anciennes, d'objets d'art, de robes, etc. 2 albums.

STATUETTES BOUDDHIQUES ANCIENNES

DE LA CHINE ET DU LAOS

EN BRONZE, EN PIERRE ET EN BOIS

PREMIÈRE SÉRIE

BRONZE ET CUIVRE

1. **Le Bouddha assis,** les jambes croisées à l'indienne, sur un lotus à deux rangs de pétales opposés. La main droite fait le geste de toucher la terre (*geste de la prise à témoin*), la main gauche ramenée horizontalement dans le giron, paume en l'air. Les cheveux, divisés en petites boucles frisées, sont relevés sur le sommet de la tête en un haut chignon conique. Ils étaient peints en bleu. Les lobes des oreilles sont démesurément allongés. Le corps du Bouddha est doré et en partie couvert d'un manteau rougeâtre bordé d'un liséré bleu. Hauteur : 0^m,20.

   Dans l'iconographie bouddhique les personnages sont présentés, en général, de face, assis ou debout sur un lotus, symbole de leur naissance divine ; une sorte de petite plate-forme leur est aménagée à cet effet entre les pétales de la fleur.

2. **Le Bouddha,** même attitude. Statuette bronze doré et peint. Hauteur : 0^m,16.

3. — même attitude. Statuette anciennement laquée. Sans socle. Hauteur : 0^m,24.

4. **Bouddha,** même attitude. Hauteur : o^m,18.

5. — même attitude, traces de dorure. Hauteur : o^m,19.

6. — même attitude, Hauteur : o^m,27.

7. — anciennement laqué. Même attitude. Hauteur : o^m,18.

8. — statuette finement ciselée, traces de dorure, sans socle. Hauteur : o^m,18.

9. — accroupi sur le lotus et tenant dans sa main gauche le bol à recevoir les aumônes. Hauteur : o^m,31.

10. — accroupi tenant de ses deux mains le bol aux aumônes. Hauteur : o^m,22.

11. — sur la fleur de lotus. Même attitude. Bronze laqué. Hauteur : o^m,17.

12. — accroupi, les mains réunies dans le geste de la méditation. Traces de laque et de dorure ancienne. Hauteur : o^m,18.

13. — accroupi sur le lotus. Même geste. Hauteur : o^m,17.

14. — Même geste. Bronze usé. Hauteur : o^m,14.

15. — assis sur le lotus. Il fait, de la main droite levée, le *geste qui rassure*. Statuette anciennement laquée, peinte et dorée. Hauteur : o^m,21.

16. **Le Bouddha Çakya Monni naissant.** Debout sur un lotus épanoui, il montre de la main gauche le ciel, et de la droite la terre, pour indiquer qu'il prend possession du monde. Il est vêtu seulement d'un tablier formant plastron sur son ventre et qui, noué par derrière autour de sa taille, est retenu devant par un cordon suspendu à son cou. Curieuse pièce d'un style archaïque donnant au personnage quelque vague ressemblance avec un Saint-Jean-Baptiste d'une de nos écoles primitives. Hauteur : o^m,21

17. **Un Lohan,** en costume sacerdotal, debout sur le lotus, les mains jointes. Statuette peinte. Hauteur : o^m,16.

18. **Pou taï,** prêtre qui vivait au xe siècle de notre ère. On en a fait une incarnation de Mei Tsou P'où Sá (Maïtreya), le Bouddha futur. Le personnage à gros ventre, à la mine réjouie, est assis sur le lotus. Sa tête est ornée d'une couronne. Il tient de la main droite un chapelet, et, de la gauche, les cordons du sac sur lequel il est assis. Souvent on l'appelle simplement P'ou Sá. Pièce laquée. Hauteur : 0[m],18.

19. — Le même personnage, mêmes attributs, mais sans la couronne. Hauteur : 0[m],19.

20. **Un démon** bizarrement accoutré, s'appuyant de la main gauche sur une massue et portant la main droite repliée à la hauteur des yeux. Tête cornue, figure grimaçante. Hauteur : 0[m],24.

21. **Kouan yin à l'enfant.** La *déesse de la grâce* est une des divinités les plus populaires de la Chine. Elle est invoquée notamment comme « donneuse d'enfants », comme la patronne que l'on invoque pour faire cesser la stérilité. C'est dans ce rôle que notre statue la représente. Debout sur une fleur de lotus, dans une attitude méditative, le signe de l'*ûrnâ* au front, elle tient un enfant sur la main droite, et sa main gauche est inclinée vers la terre. Sa haute coiffure est recouverte d'un châle qui descend sur la robe.

Pièce archaïque, rude mais intéressante. Traces de dorure et de couleurs. Hauteur : 0[m],78.

22. — **couronnée.** La déesse, accroupie à l'indienne, est coiffée d'un diadème décoré d'un petit Bouddha assis (Amitâbha). Elle est vêtue d'un manteau qui s'ouvre sur sa poitrine. De la main droite levée, elle fait un geste mystique et tient de la main gauche le bol aux offrandes. Hauteur : 0[m],48.

23. — **couronnée.** La déesse est accroupie sur un lotus à deux rangs de pétales. Elle porte au front l'*ûrnâ* et son diadème est orné de l'Amitâbha. La main droite fait un geste mystique, la gauche repose sur la jambe gauche. Hauteur : 0[m],45.

24. — assise sur un rocher, la jambe droite relevée. Elle est couronnée du diadème. A sa gauche, un enfant debout prie, les mains jointes. Hauteur : 0[m],23.

25. — assise sur l'éléphant de Samantabhadra, le pied droit appuyé sur une fleur de lotus. Elle porte l'*ûrnâ* et le diadème. Socle de pétales de lotus. Hauteur : 0[m],20.

26. **Kouan yin,** la tête couverte d'un haut diadème. Elle est assise sur le corps d'un dragon, dont la tête se redresse vers elle. Socle de pétales de lotus. Pièce de style archaïque. Hauteur : 0ᵐ,21.

27. — **debout,** sur un lotus à double rang de pétales. Elle porte en tête le diadème avec l'Amitâbha. Sa main droite est levée dans un geste mystique, la main gauche manque. Hauteur : 0ᵐ,40.

28. **Divinité à quatre bras** assise sur un bouc. Elle porte une riche couronne, appuyée par derrière sur deux têtes de lion d'où se détachent de longues bandelettes. Hauteur : 0ᵐ,20.

29 à 35. **Sept statuettes de Bodhisatvas** diadémés, en bronze.

36. **Kouan Ti.** Le dieu de la guerre. C'était un général du temps de la dynastie des Han. Il fut élevé au rang des Esprits célestes en 1128 par l'empereur Kao Tsoung et déifié en 1594 par décret de l'empereur Chen Tsoung. Notre bronze le représente assis, les jambes écartées, les mains posées sur les cuisses. Sur sa riche armure et sa cotte de maille est jeté un manteau vert. Sa coiffure est une sorte de calotte surmontée d'un ornement enroulé, serré à la base par un ruban noué sur le devant et dont les extrémités tombent de chaque côté de la tête. La barbe descend en longues mèches sur la poitrine. La figure et les mains sont dorées. Hauteur : 0ᵐ,28.

37. — en costume guerrier. Il est debout. Ses manches fortement retroussées montrent les bras à nu. Bronze peint. Hauteur : 0ᵐ,25.

38. **Gardien des portes des temples.** Personnage en costume guerrier, avec cuirasse et cotte de maille, et, sur la tête, un casque compliqué. Il est debout, portant de la main gauche un foudre (*vajra*), tandis que la droite fait le *geste qui rassure*. L'écharpe céleste flotte tout autour de lui. Bronze peint. Hauteur : 0ᵐ,38.

39. 40. **Deux Gardiens de temples.** Mêmes attitudes et semblable costume. Hauteur : 0ᵐ,22.

41. **Lohan à la perle.** Personnage assis, vêtu d'une robe qui laisse à nu le côté droit du corps. La main droite levée en l'air tient la perle ; la gauche tient un objet brisé. La tête est rasée. D'épais sourcils froncés donnent à la figure une singulière expression. Hauteur : 0ᵐ,23.

Le nom de *Lohan* ou *Rakan* s'applique aux premiers disciples de Bouddha, à ceux qui ont propagé la parole du Maître ; on en compte seize ou dix-huit principaux, mais leur nombre est porté parfois à cinq cents et même à douze cents. Les artistes chinois semblent avoir pris plaisir à la représentation de ces saints personnages.

42. **Lohan aux mains jointes.** Le saint personnage, imberbe, la tête rasée, la figure calme, est debout sur un lotus, les mains jointes dans l'attitude de la prière. Il est vêtu d'une robe rougeâtre à longues manches, avec bordure dorée. Hauteur : 0^m,22.

43. — **aux mains jointes.** Autre statuette analogue d'une belle allure, à la tête expressive. Hauteur : 0^m,26.

44. **Prêtre bouddhiste** en costume officiel. Il est debout sur un socle et porte dans ses mains la tablette *tsaô pan* (dont il ne subsiste qu'un tronçon). Bronze vert, traces de dorure. Hauteur : 0^m,42.

45. **Un mandarin** en costume officiel. Il est assis et tient à la main son sceptre. Hauteur : 0^m,27.

46 à 48. **Petits éléphants,** avec cornac et palanquin. Cuivre doré. Hauteur : 0^m,11.

49. **Autel des Bodhisatvas.** Quatre Bodhisatvas, accroupis à la façon indienne, la plante des pieds retournée en dessus, sont adossés autour d'une tige centrale d'où émergeait sans doute un lotus supportant un Bouddha de grande taille. Chacun des Bodhisatvas fait un geste mystique : le geste de la contemplation, le geste de l'enseignement, etc. Ils sont vêtus de robes à bordures brodées, largement ouvertes sur la poitrine. Leur front est surmonté d'un diadème à cinq lobes occupés par un des Dnyani-Bouddhas (Amitâbha) assis. Les oreilles sont démesurément allongées. Quelques doigts ont été brisés. Bronze laqué. Hauteur des personnages : 0^m,62.

BRONZE ET CUIVRE

50. **Le Bouddha Çakya Mouni** assis. La figure exprime la contemplation extatique, les mains font la *mudrâ* (geste) de recueillement. Les signes distinctifs du Bouddha sont bien marqués : la protubérance du crâne (*usṇîṣa*) et le signe *ûrṇa* entre les sourcils. Sur la poitrine, laissée à nu par la robe largement ouverte, se voit le signe du *svastika*. Statuette ancienne d'un bon style, bronze vert, traces de dorure. Hauteur : 0ᵐ,42.

51. **Le Bouddha Çakya Mouni,** dans la même attitude, avec l'*ûrnâ* et le *svastika*. Sans socle. Hauteur : 0ᵐ,25.

52. **Bouddha.** Même attitude, avec les mêmes signes. Sans socle. Hauteur : 0ᵐ,28.

53. — Même attitude. Statuette laquée et enfumée. Sans socle.

54. — Même attitude, avec la coiffure relevée en un haut chignon conique. Socle de lotus à deux rangs de pétales. Bronze ancien. Hauteur : 0ᵐ,20.

55. — Même attitude. Socle de lotus. Pièce laquée et dorée. Hauteur : 0ᵐ,25.

56. — Même attitude. Statuette dorée. Hauteur : 0ᵐ,25.

57. — accroupi, les jambes croisées à l'indienne : dans le côté gauche de son giron repose sa main gauche ; sa main droite fait le geste de toucher la terre (du bout des doigts allongés), la paume en dedans. Hauteur 0ᵐ,30.

> Le Bouddha méditait sous l'arbre sacré de la Bodhi quand il fut en butte aux tentations de Mârâ ; à ce moment, dit la légende, il toucha la terre du bout de sa main droite en la prenant à témoin de sa résolution inébranlable. C'est pourquoi on appelle ce geste la *mudrâ de la prise à témoin*.

58. **Bouddha.** Même attitude, traces de dorure. Hauteur : 0ᵐ,25.

59 à 65. **Sept statuettes bouddhiques.** Mêmes attitudes. Bronze. Hauteur : 0ᵐ,25.

66. **Bouddha** assis sur un lotus posé sur une sorte de trône. Il tient dans la main gauche ouverte une boule et fait, de la droite, le geste de *prise à témoin*. Statuette anciennement laquée, peinte et dorée. Hauteur : 0ᵐ,27.

67. — accroupi, sans socle. Beau bronze ancien. Hauteur : 0ᵐ,32.

68. — accroupi sur le lotus à double rang de pétales. Bronze laqué et doré. Hauteur : 0ᵐ,31.

69 à 71. **Trois statuettes de Bouddhas** accroupis, faisant divers gestes mystiques.

72. **Bouddha** accroupi, tenant le bol à offrandes. Sans socle. Bronze ancien, traces de dorure. Hauteur : 0ᵐ,32.

73. — sur le lotus, tenant de ses deux mains le bol à offrandes. Hauteur : 0ᵐ,22.

74. — accroupi, faisant une mudrâ mystique. Sans socle. Traces de dorure ancienne. Hauteur : 0ᵐ,24.

75. **Naissance de Bouddha.** L'enfant, debout sur un lotus épanoui, prend possession du ciel et de la terre. Curieux petit bronze ancien. Hauteur : 0ᵐ,16.

76. **Kouan yin à l'enfant.** La déesse est coiffée d'un haut diadème, orné du petit Dhyani-Bouddha. Sur cette sorte de tiare est posé un long voile qui lui tombe sur les épaules. Elle est accroupie et tient de la main gauche un enfant assis sur sa jambe gauche. L'autre main est posée sur le genou droit qui est relevé. Pièce ancienne d'un bon style. Sans socle. Hauteur : 0ᵐ,42.

77. **Kouan yin,** avec le diadème à cinq lobes, assise sur un éléphant couché sur le lotus. La déesse de la grâce divine fait un geste de bénédiction. Hauteur : 0ᵐ,24.

78. — Même sujet. Sans socle. Haut. 0ᵐ,21.

79. — assise sur un lotus. Hauteur : 0ᵐ,25.

80. **Kouan yin** assise sur le lion. La déesse est coiffée du diadème. Elle a auprès d'elle le vase et l'oiseau. La jambe droite pendante est posée sur le socle du lotus. Les deux mains croisées s'appuient sur le genou gauche relevé. Belle pièce. Hauteur : 0^m,37.

81. — sur le lion. Bronze doré. Hauteur : 0^m,20.

82. — sur le lion. Hauteur : 0^m,25.

83. — sur le lion. Hauteur : 0^m,21.

84. — sur l'éléphant. Hauteur : 0^m,24.

85. — sur l'éléphant. Hauteur : 0^m,18.

86. — assise sur le lotus, le diadème sur la tête. Elle fait le geste de l'argumentation. Hauteur : 0^m,28.

87. — Statuette laquée. Hauteur : 0^m,21.

88. — Petite statuette bronze noir. Hauteur : 0^m,14.

89. **Un Bodhisatva** accroupi. Il porte un riche diadème et tout son corps est couvert de somptueuses parures ; de lourds colliers pendent au cou, d'énormes boucles distendent le lobe des oreilles ; l'écharpe céleste flotte autour de lui. Pièce laquée et dorée. Hauteur : 0^m,23.

> Le costume des Bodhisatvas est tout le contraire de celui des Bouddhas. Ce n'est plus l'habit d'un moine, mais celui d'un roi, paré de riches ornements et du diadème à cinq feuilles.
> (Foucher, *Iconographie bouddhique.*)

90. — assis sur le lotus. Bronze peint. Hauteur : 0^m,34.

91. — à cheval sur un paon (cassure aux jambes). Hauteur : 0^m,34.

92 à 97. **Six statuettes** de Bodhisatvas. Bronze.

98. **Pou taï** accroupi, sans socle. La couronne sur la tête, le chapelet à la main. Hauteur : 0^m,21 (Voir la notice sur ce personnage au n° 18).

99. **Gardien des portes du temple.** Personnage à la figure grimaçante, couvert d'un costume guerrier autour duquel flotte l'écharpe
céleste. Bronze anciennement peint. Hauteur : 0^m,40.

100, 101. **Deux défenseurs de la religion.** Personnages farouches
en costume guerrier. Bronze peint et doré. Hauteur : 0^m,25.

102. **Défenseur de la religion.** Petite figure, sans la coiffure ni le
socle. Hauteur : 0^m,11.

103, 104. **Deux gardiens de la loi,** en costume guerrier, cuirasse et
gantelets, les mains jointes; l'écharpe flottante. Sur des socles à
quatre pieds. Hauteur : 0^m,16.

105, 106. **Deux prêtres bouddhistes,** en costume sacerdotal. Bronze
peint et doré. Hauteur : 0^m,24.

107. **Un mandarin,** en costume officiel. Il est assis et tient un sceptre de
ses deux mains. Belle pièce, anciennement peinte. Hauteur : 0^m,22.

108. — Même posture. Le sceptre est brisé. Statuette anciennement laquée
et dorée. Hauteur : 0^m,21.

109. **Un philosophe,** en costume officiel de mandarin. Il est assis, dans
une pose méditative. Beau bronze ancien. La main gauche manque.
Hauteur : 0^m,23.

110 à 112. **Trois philosophes,** en costume officiel de lettrés, avec le
bonnet carré sur la tête. Ils sont debout, vêtus de robes à longues
manches et tiennent à deux mains la tablette *tsaô pan.* Pièces
anciennes. Hauteur : 0^m,33, 0^m,30, 0^m,29.

112 *bis.* Deux socles à fleurs de lotus. Bronze.

BOIS

Quatre statues, en bois peint, représentant des divinités populaires, dési-
gnées sous le nom de *Pâ chéns,* ou de *Dieux du bonheur.*

113. **Chô,** personnage à grosse tête ovoïde, à longue barbe, vêtu en prêtre
taoïste. C'est le dieu de longévité. Il tient un long bâton auquel
est suspendu un livre roulé. De l'autre main, il tient une pêche.
Un petit enfant lui présente un fruit. Hauteur : 0^m,44.

114. **Chô,** le même personnage. Un singe lui présente un fruit. Hauteur : o^m,43.

115. **Li Tié-koaï,** mendiant boiteux, avec son crapaud à trois pattes et sa gourde. C'était, dit la légende, un philosophe jeune, beau, riche, si savant qu'il pouvait séparer son âme de son corps. Pendant une de ces absences de l'âme, le corps du philosophe fut brûlé dans un incendie, et, à son retour, l'âme n'eut d'autre ressource que de se glisser dans le corps d'un vieux mendiant qui venait de mourir. Hauteur : o^m,55.

116. **Lou Tong pin,** à cheval, portant en croupe un écuyer qui fait flotter au vent son étendard. Ce personnage avait reçu en don un sabre miraculeux auquel rien ne pouvait résister et dont il se servit pour purger la Chine des démons, des monstres et des bandits qui l'infestaient (le sabre qu'il tenait à la main a été perdu). Hauteur : o^m,58.

PIERRE

117. **Bouddha** accroupi, dans une pose méditative. Pierre peinte. Hauteur : o^m,46.

118. — Houteur : o^m,34.

119. — Hauteur : o^m,23.

120. — tête détachée.

121. **Statuette bouddhique.** Hauteur : o^m,18.

122 à 124. **Bodhisatvas.** Trois statues dont les têtes sont détachées.

125. **Moine bouddhiste.** Hauteur : o^m,33.

126. **Pou taï,** le dieu au gros ventre (Pou Sa).

127. — petit bas-relief.

TROISIÈME SÉRIE

BOUDDHAS DU LAOS ET DU CAMBODGE

Tous ces Bouddhas ont une coiffure analogue : des cheveux en petites boucles frisées, relevés sur le sommet de la tête en un haut chignon terminé par un *stûpa* à flèche élancée. Ils sont en bronze ou en cuivre.

128. **Grand Bouddha** debout, les deux mains levées, la paume en dehors faisant le geste qui rassure. Hauteur : 0^m,85.

129. **Bouddha** assis, faisant le geste du témoignage. Hauteur : 0^m,40.

130 à 135. **Bouddhas,** même attitude. Six statues qui seront vendues séparément.

BOUDDHA DU SIAM

136. **Statuette de Çakya Mouni** en bronze laqué et doré. Le Bouddha est accroupi dans la pose traditionnelle sur un trône recouvert d'un tapis décoré de verroteries. Pièce ancienne. Hauteur : 0^m,28.

TABLE DU CATALOGUE

CHARTRES. — IMPRIMERIE DURAND, RUE FULBERT.

ERNEST LEROUX, ÉDITEUR

28, RUE BONAPARTE, 28

RÉCENTES PUBLICATIONS RELATIVES AU JAPON

APPERT et KINOSHITA. Ancien Japon. In-18, avec cartes, marques, cachets, etc., cartonné. . . . . 10 fr. »

BENAZET (Alexandre). Le Théâtre au Japon, ses rapports avec les cultes locaux Un volume in-8, illustré. . . . . 7 fr. 50

BERTIN (L.-E.), directeur de l'École du Génie maritime. Les grandes guerres civiles du Japon. Les Taïra et les Minamoto. Histoire et légendes. Gr. in-8, illustré de nombreux dessins d'après des gravures japonaises ou des netzkés à sujets historiques, de cartes et de planches. . . . . 20 fr. »

COURANT (Maurice), maître de conférences à l'Université de Lyon. Grammaire de la langue japonaise parlée. In-8.. . . . . 8 fr. »

DESHAYES (E.). La Céramique japonaise. Les principaux centres de fabrication céramique au Japon, par Oueda Tokounosouké, avec préface relative aux cérémonies du thé. In-18. . . . . 3 f. 50

DURET (Théod.). Catalogue des livres et albums illustrés du Japon au département des Estampes de la Bibliothèque nationale. Un beau volume in-8, avec dessins et planches en couleur. . . . . 7 fr. 50

LEQUEUX, consul de France. Le Théâtre japonais. In-18. . . . . 2 fr. 50

LEROUX (Ernest). Catalogues descriptifs et raisonnés de peintures et estampes japonaises et miniatures indo-persanes. 30 volumes et brochures in-8, avec prix manuscrits. . . . . 50 fr. »

MILLOUÉ (L. de) et S. KAWAMOURA. *Si-do-in-dzou*. Gestes de l'officiant dans les cérémonies mystiques des sectes Tendaï et Singon (bouddhisme japonais). Traduit du japonais. In-8, fig. et 21 planches . . . . 12 fr. »

PAPINOT (E.). Dictionnaire japonais-français des noms principaux de l'histoire et de la géographie du Japon, suivi de 17 appendices sur les empereurs, Shôgun, Nêngo, sectes bouddhistes, provinces, mesures, etc. In-18, percaline. 5 fr. »

ROSNY (L. de), professeur à l'École des Langues orientales vivantes. La Civilisation japonaise. In-18.. . . . . 5 fr. »

> Place du Japon dans la classification ethnographique de l'Asie. — Géographie de l'Archipel japonais. Origines historiques de la monarchie japonaise. — Influence de la Chine sur la civilisation du Japon. — Littérature chinoise du Japon. — Aperçu de l'histoire des Japonais depuis l'établissement du Bouddhisme jusqu'à l'arrivée des Portugais. — Littérature, sciences et industries au Nippon. — La révolution moderne au Japon, etc.

— Feuilles de momidzi. Études sur l'histoire, la littérature, les sciences et les arts des Japonais. Un vol. in-8, illustré. . . . . 7 fr. 50

> Les origines du sintauïsme. — Le premier mikado. — Les novateurs bouddhistes de l'Extrême Orient. — Le Mémorial de l'antiquité japonaise. — La botanique et l'art floral. — Les petites mousoumès japonaises. — La poésie populaire. — Des différents genres d'écriture — *Le Taï heiki* ou Histoire de la Grande Paix. — Les plus anciens monuments de la civilisation japonaise, etc., etc.

—. Le Taoïsme. Avec introduction par Ad. Franck, de l'Institut. In-8. 6 fr. »

— Cours élémentaire de langue japonaise. Un vol. in-8, en 5 parties. 15 fr. »

STEENACKERS (F.). Cent proverbes japonais, traduits et publiés par Francis Steenackers et Uéda Tokunosuké. Beau vol. in-4, sur papier teinté fort, illustré de 200 dessins japonais, tirés en noir et en couleur.. . . . . . . 25 fr. »

TURRETTINI (F.). *Atsume Gusa,* pour servir à la connaissance de l'Extrême Orient. Vol. I à VIII. Chaque volume in-4. . . . . 24 fr. »

— *Ban zaï Sau,* pour servir à la connaissance de l'Extrême Orient. Vol. I à IV. Chaque volume petit in-4. . . . . 20 fr. »

CHARTRES. — IMPRIMERIE DURAND, RUE FULBERT.